AF405011

APPLICATION

A LA CRISE DU MOMENT,

DES PRINCIPES

EXPOSÉS

DANS LA BROCHURE INTITULÉE

DE LA REPRÉSENTATION NATIONALE.

PAR P. FLAUGERGUES,

ANCIEN DÉPUTÉ.

PARIS.

BAUDOUIN FRÈRES, IMPRIMEURS-LIBRAIRES,

RUE DE VAUGIRARD, Nº 36.

1820

APPLICATION

A LA CRISE DU MOMENT,

DES PRINCIPES EXPOSÉS DANS LA BROCHURE

INTITULÉE

DE LA REPRÉSENTATION NATIONALE.

———————

Nous avions formé le plan d'une nouvelle brochure et mis la main à l'œuvre ; le travail s'avançait, lorsqu'une indisposition nous a forcé à suspendre.

Ce n'était point pour répondre aux objections, que nous avions repris la plume ; car on nous a injurié, calomnié, sans essayer de nous critiquer. On pense bien que nous avons à peine entendu les cris de cette espèce d'eunuque en politique, qui, sentant son impuissance à rien produire, n'a trouvé, à l'instar de ses pareils, d'autre plaisir qu'à troubler celui qui tâchait d'engendrer quelque chose d'utile. Nous voulions développer, fortifier le plan que nous avions soumis au public.

Cependant le moment de la crise est arrivé. Demain peut-être la redoutable porte des révolutions se rouvrira pour la France. Il faut se constituer demain, ou se voir condamnés au triste sort de l'Angleterre, qui s'agita plus de 150 ans pour trouver sa liberté. Que de sang anglais fut versé ! que de dynasties furent dévorées !

Il nous semble que nous avons, sur les causes auxquelles nous devrions cette longue chaîne de désastres et sur les moyens de la briser, des apperçus importans. Nous allons arracher quelques feuilles à la minute du travail que nous préparions, en composer encore quelques autres comme nous le pourrons, et livrer à l'impression. C'est un cœur français, également ami de la patrie et du roi, qui va parler, effrayé de l'aspect de l'avenir. Pourrait-on nous refuser l'indulgence que réclament l'excessive briéveté du temps et le désordre du moment?

Les erreurs en matière d'élection et de dogmes constitutionnels, auxquelles il nous a paru que les amis de la liberté se laissaient entraîner, nous les avons combattues, au risque de perdre la popularité dont ils sont les dispensateurs. Fidèle au culte des principes envers et contre tous, nous allons, au risque aussi d'aliéner nos droits à la bienveillance du gouvernement, combattre les erreurs sur la même matière, vers lesquelles il nous paraît se précipiter. S'il faut opter entre les avantages de lui plaire et le devoir de lui rester fidèle, surtout dans les graves

circonstances où il se trouve , notre choix est fait ;
nous ne le trahirons point , en lui célant la vérité
qu'il a tant besoin de connaître. Nous aussi , nous
aurons notre manière de *servir*, *quand même...* ,
et la patrie , et le roi.

Qu'on nous pardonne quelques prolégomènes, devenus nécessaires dans un moment où les principes
sont méconnus. Les principes peuvent seuls nous
sauver. Nous abrégerons.

Faire la loi des élections , c'est , dans l'état actuel
des choses , constituer la France. Or, on a dit que
le législateur qui formait l'entreprise, si ardue à la
fois , et si noble , de constituer son pays, devrait ,
après avoir publié ses lois , se condamner à un exil
éternel. D'autres ont dit, avec moins de dignité, mais
avec encore plus d'énergie , qu'il devrait se brûler la
cervelle : langage hyperbolique , sans doute , mais
nécessaire pour faire sentir combien il est difficile à
celui qui doit jouer un rôle et un grand rôle dans
la constitution qu'il médite , de ne pas céder à son
intérêt particulier , et de monter à ce haut degré
d'impartialité , hors duquel le succès est interdit ,
même au génie. Si le législateur a le moindre désir
autre que celui de rendre les hommes heureux ,
d'autre ambition que celle de mériter les suffrages
de la postérité , l'ouvrage est manqué d'avance.

D'un autre côté , il est presque impossible qu'une
nation se constitue elle-même. Les désirs immodérés
de la liberté produisent dans les peuples des aber-

rations non moins funestes que celles dont les appétits déréglés du pouvoir deviennent la source chez les individus.

Il naît en outre, de la nature du sujet que nous traitons, des difficultés spéciales, presque insurmontables dans une assemblée. Pour qu'une représentation nationale pût se bien constituer, il faudrait qu'elle fût déjà bien constituée. Le mode d'élection qu'elle adoptera dépend du mode qu'on aura adopté pour l'élire elle-même. La classe qui dominera dans la première réunion, saura bien s'assurer la domination dans la loi des élections qu'elle fera. Proposer à une assemblée, composée de certains élémens, de statuer qu'à l'avenir cette même assemblée sera composée d'autres élémens, c'est lui demander une sorte de suicide.

Tout dépend donc d'un premier fait, c'est-à-dire du mode d'élection adopté pour la première réunion. Ce mode ne cessera d'influer sur les résultats, jusqu'à ce qu'une révolution quelconque ait changé cette dynastie de faits, s'il est permis de parler ainsi, venant de la même souche.

Qu'on remarque cependant qu'une nation ne peut se convoquer elle-même, et que ce premier fait si décisif doit nécessairement être déterminé par quelqu'un placé hors de la classe commune, et à la voix duquel la nation consente à se réunir. Cela explique pourquoi les bonnes constitutions ne peuvent être que l'ouvrage d'un sage, ou que le produit des malheurs et du temps , comme en Angleterre.

La légalité de ce premier fait ne dépend d'aucune loi positive , puisqu'il est censé précéder toutes les lois de cette espèce. Mais il est une loi des lois , une règle imposée au législateur par la saine raison : ce sera par sa conformité ou non-conformité avec ce qu'elle prescrit , que le premier fait deviendra légitime ou illégitime.

Nous avons ouvert le livre sacré de la raison ; une seule précaution y est commandée , mais elle est indispensable : il faut que tous les intérêts politiques ayent été convoqués et admis à la première délibération , en nombre égal de représentans. En considérant les intérêts comme forces sociales , et dans un moment nous prouverons qu'ils le sont , cette précaution est le principe de la solidité des institutions qui seront faites. En considérant la représentation égale de ces intérêts , comme moyen de faire valoir leurs droits respectifs , la même précaution est le principe de la légitimité de ces institutions. Si le premier fait a été légal , il est probable que la constitution à laquelle il aura donné naissance , sera durable , et il est certain qu'elle est obligatoire.

Mais si ce premier fait n'est pas légitime...? Quand dans les fouilles politiques on est parvenu auprès du dernier point d'appui de l'ordre social existant , il est rarement permis d'aller plus loin. La crainte d'ensevelir la cité sous ses propres ruines , devient alors le plus légitime des sentimens.

D'après ce motif, nous épargnerons aux défen-seurs de la loi encore existante, et à ceux qui dé-fendent le nouveau projet, la question embarras-sante de savoir d'où venaient les pouvoirs de la Chambre de 1817 qui fit cette loi, et d'où viennent ceux de la Chambre de 1820 qui veut la changer.

Il est difficile qu'une constitution émanée d'un premier fait, non conforme aux règles que nous venons d'indiquer, n'ait pas en elle-même, outre son principe d'illégalité, quelque germe de révolu-tion, lequel ne tarde pas à se développer et à pro-duire des convulsions. Pour les prévenir, si c'est possible, les hommes sages doivent saisir toutes les occasions qui se présenteront de se rapprocher des lois qui donnent la légalité au fait originel. Mais, ô funestes suites d'un premier écart! on aura beau sentir l'utilité de ce conseil, il est probable qu'on ne le suivra point. Dès qu'une fois la matière sociale est organisée, cette organisation est la plus grande force politique existante. C'est elle qui produit tout, et cette organisation se soutient, jusqu'à ce que sa destruction devienne le résultat de sa propre action sur elle-même. On a très-bien dit, qu'il avait fallu toute la force de Bonaparte pour détruire Bonaparte. Ainsi que dans l'organisation animale, la mort n'est que le dernier phénomène de la vie ; de même, dans l'organisation sociale, la révolution qui tue une constitution n'est que le dernier produit de cette constitution elle-même.

Ces principes sont incontestables en eux-mêmes. De plus, on y voit l'histoire fidèle et la généalogie des révolutions que nous éprouvons depuis trente ans, et de celle d'aujourd'hui, ainsi que la prédiction de celles que l'avenir nous prépare.

Quelle est la cause de la fausse direction prise par la révolution en 1789 ? Un premier fait mal posé. Passons les temps intermédiaires qui ne tiennent que trop au même principe. Que voyons-nous en ce moment ? Deux représentations nationales dans une seule Chambre. Ces deux représentations tirent leur origine, chacune d'un premier fait différent, les colléges de Bonaparte et la loi du 5 février 1817. Acharnées l'une contre l'autre, elles sont à peu près en force égale par le nombre. Le pouvoir a pris parti pour celle qui vient de 1816, et, quoi qu'en disent les agens de l'autorité, la nation, pour celle qui s'est formée depuis. Deux modes d'élection sont présentés pour l'avenir. Si le parti qui se dit exclusivement monarchique votait pour le maintien de la loi actuelle, il se suiciderait. Il en est de même du parti libéral s'il adoptait le projet ministériel. Il est évident que, d'après la loi de la conservation des êtres, et c'est la première des lois, aucun de ces partis ne peut céder à l'autre ; et quel que soit le vainqueur, il n'y a que des révolutions à prévoir.

N'est-il aucun moyen d'écarter ces présages ?

Il faut agir sur les volontés ; il n'est qu'un moyen,

encore est-il faible ; mais c'est le seul. Si la certitude et l'énormité des maux dont nous sommes menacés n'inspire un salutaire effroi aux deux représentations, c'en est fait pour long-temps de la France.

Conseillers du roi, sauverez-vous la dynastie, quand vous aurez excité contre elle la plus grande partie des forces politiques de la nation, en la frappant à l'endroit le plus sensible, l'amour de l'égalité ? Nous ne voulons pas rétablir les priviléges, dites-vous. Il n'est protestations que vous ne fassiez à ce sujet. Mais sera-t-il en votre pouvoir de vous en dispenser, quand vous aurez donné à 10 ou 12 mille Français le plus important et le plus dangereux des priviléges, celui de disposer des lois et du trésor ? Pouvez-vous répondre que cette classe n'en abusera pas ? Si elle en abuse, n'est-il pas certain qu'elle deviendra odieuse aux autres citoyens ? Lorsqu'elle sera devenue odieuse, la loi de votre propre conservation ne vous fera-t-elle pas un devoir de lui donner de nouvelles forces, c'est-à-dire, de nouveaux priviléges pour soutenir le premier ? N'est-ce pas ainsi, d'après Machiavel et Montesquieu, que commencent tous les priviléges, et qu'ils deviennent irrévocables ? Telle est donc la déplorable alternative que vous placez dans l'avenir le plus prochain de la France : il faut ou que le trône asservisse la nation par les priviléges, ou que la nation renverse le trône pour les détruire.

Et vous, amis de la liberté, croyez-vous qu'une révolution nouvelle, soit le moyen d'achever la conquête de cette liberté? Vous protestez, il est vrai, de votre haine pour les révolutions, et nous savons qu'on vous prête des intentions qui ne sont pas les vôtres. Mais pourrez-vous suspendre le mouvement après le triomphe? Vous sera-t-il possible de rétablir entre la dynastie et le peuple, cette confiance que l'état actuel des choses détruit jusque dans ses racines. Et, sans cette confiance, est-il possible d'éviter une révolution? La liberté, il est vrai, triomphera à la longue. Mais est-il égal de laisser à nos neveux la certitude de la trouver quelque jour au milieu du sang et des cadavres, et des ruines d'une révolution qui sera peut-être séculaire, ou de la fonder à l'instant même? Oui, à l'instant même. Il suffit pour cela que tous les partis sentent la nécessité de se rapprocher le plus qu'il sera possible de ce qui aurait donné la légalité au premier fait.

Il n'est qu'une solution satisfaisante du redoutable problème qui nous occupe : il faut une représentation nationale, telle d'un côté qu'elle enchaîne irrévocablement la dynastie à la liberté ; telle d'un autre côté, que la dynastie y trouve une sécurité parfaite. Sans la conscience de cette sécurité, la dynastie ne sera jamais enchaînée. Pour tout dire d'un seul mot, il faut que le roi de France sente qu'il lui est impossible de résister aux vœux de la raison publique, bien constatée, et qu'il est également impossible aux organes de cette raison publique, de porter la moindre atteinte aux prérogatives de la couronne. Or, cet effet sera produit si tous les intérêts, qui sont des forces politiques, sont représentés ainsi que nous l'avons proposé : pour le démontrer, il faut que nous fassions une nouvelle et courte exposition de notre plan.

Nous savons qu'une de nos bases est en opposition avec des idées courantes, qui jouissent, auprès de quelques esprits, de l'autorité de la chose jugée. Mais nous prétendons que ces *préjugés* ne sont que des erreurs funestes. Si quelque lecteur ne se sent pas disposé à rompre les habitudes d'esprit qu'il peut avoir contractées, lorsque nous lui en montrerons le vice, s'il n'est fermement résolu à juger nos preuves avec impartialité, qu'il pose cet écrit, ce n'est pas pour lui que nous écrivons.

Voici nos propositions.

Le droit de se faire représenter ne peut être suspendu que chez les prolétaires.

Mais si tout le peuple est admis, il faut le diviser en classes formées d'après les intérêts *politiques* dont on aura reconnu l'existence dans la nation. Sans cette division, et si tout le peuple votait ensemble, on n'aurait pour représentans de la nation que des hommes choisis par la multitude. L'intérêt commun la réunirait, et elle se trouverait à elle seule plus nombreuse que toutes les autres classes ensemble.

En conséquence, nous disons que notre Chambre des députés doit être composée d'un tiers de représentans de la grande propriété, d'un tiers de représentans de la moyenne propriété ; enfin, d'un tiers de représentans de la petite propriété. Toutefois, il faut un correctif quelconque à ces proportions pour contre - balancer l'influence, par laquelle les grands propriétaires obtiennent ordinairement, en leur faveur, un certain nombre de choix, de la part des petits propriétaires.

Le principe de notre projet est clair et précis ; les moyens d'exécution sont simples et faciles, il faut :

1°. Un collége des plus grands propriétaires de chaque département, composé d'un membre pour chaque 2,500, ou, si l'on veut, pour chaque 3,000 habitans ;

2°. Un collége de moyens propriétaires : ce sont les plus imposés après les précédens, et en nombre triple, ou, si l'on veut, double seulement du premier collége.

3°. La Charte s'opposant à l'élection immédiate par les petits propriétaires, ceux-ci se réuniraient en assemblées primaires, dans leur canton, ainsi qu'on l'a pratiqué pendant douze ou quinze ans, sans le moindre inconvénient. Là ils choisiraient un nombre d'électeurs déterminé d'après la population de chaque canton ; mais ils seraient tenus de les prendre parmi les habitans ayant les qualités requises par la **Charte** pour avoir droit de suffrage.

Chaque collége élirait séparément le nombre de députés qui lui serait assigné par la loi.

Tel est notre plan. Il consiste à appeler toutes les classes à se faire représenter.

La loi du 5 février n'appelle que la classe moyenne.

Le nouveau projet du ministère, s'il était adopté, donnerait toute la force électorale à la classe haute. De part et d'autre c'est le même vice, l'exclusion de deux classes. S'il était permis de soutenir cette injuste exclusion, il vaudrait mieux accorder le privilége à la classe moyenne, parce qu'en cette matière les parties intermédiaires valent encore mieux que les extrêmes.

On ne croit pas sans doute que nous devions répondre à l'observation que la classe moyenne aura le droit de présentation. Lui avoir donné cette attribution, c'est lui avoir reconnu le droit de se faire représenter. Ne lui avoir donné que cette attribution, c'est avoir violé ce droit. L'effet réel sera qu'elle n'aura presque aucune influence sur les choix, et que la haute propriété aura cette influence presque exclusivement. La loi ne serait point acceptée si l'on n'en prévoyait ce résultat.

Le premier avantage de notre système, c'est d'entrer parfaitement dans les vues de la Charte, alors que chacun des deux autres plans la sappe jusque dans ses fondemens. C'est une chose non moins déplorable qu'extraordinaire, qu'on ait pu alarmer la conscience d'un grand nombre de députés sur l'inconstitutionnalité du renouvellement intégral, de l'admission des députés avant l'âge de quarante ans, etc., etc., etc. ; dispositions respectables sans doute, puisqu'elles sont dans la Charte, mais qui enfin sont indifférentes , au fond du système représentatif, et qu'on ne puisse faire naître le moindre scrupule dans leur ame sur le point autrement important de l'exclusion du peuple! Comment a-t-on pu faire entendre que la Charte permettait cette exclusion? pouvait-elle méconnaître ce qui forme l'essence du gouvernement qu'elle a voulu établir?

La Charte statue que les électeurs qui concourront à la nomination des députés ne pourront avoir droit de suffrage , s'ils ne payent 3oo francs. Pour entendre cette disposition, il faut se reporter à ce qui existait lorsque la Charte fut publiée. A cette époque, des électeurs d'arrondissement, *choisis par le peuple*, sans condition de fortune, *concouraient* avec des électeurs de département, *également choisis par le peuple*, mais parmi les six cents plus imposés, *à la présentation des candidats*, parmi lesquels le Sénat élisait les députés.

La Charte veut qu'à l'avenir, tous les électeurs offrent la garantie de la fortune indiquée par 3oo fr;

de contributions. Voilà le sens naturel de la disposition citée. On n'y voit rien qui autorise à penser que les électeurs puissent être choisis autrement que par le peuple, ainsi qu'il les avait choisis jusqu'alors. Pour soutenir l'opinion contraire avec quelque sécurité de conscience politique, il faudrait trouver dans la Charte au moins quelque indice qui fît présumer l'intention de changer l'acception reçue du mot *électeur*, qui signifia constamment, dans notre langue politique, un homme *choisi par le peuple*, pour faire en son nom certains autres choix. Est-ce après un silence absolu sur ce point qu'on peut supposer, dans le législateur, l'injuste, l'absurde volonté de priver la masse des Français d'un droit fondamental et reconnu, qu'il n'a pas créé lui-même, que la nature donne à tous les hommes, et dont nos aïeux jouirent long-temps, d'un droit enfin dont le rétablissement fut l'unique objet de la révolution, duquel nous étions en possession depuis vingt-cinq ans, et qui fut scellé du sang de tant de martyrs de la liberté? Qu'on lise, au surplus, notre brochure depuis la page 34 jusqu'à 45, on y trouvera des preuves sans réplique.

Nous répondrons plus bas à l'objection prise des prétendus dangers que le concours du peuple pourrait amener. Il ne s'agit ici que de constitutionnalité, et nous croyons pouvoir affirmer que ceux qui auraient rejeté le renouvellement intégral et la réduction de l'âge des députés comme contraires à la Charte, feront une étrange inconséquence, s'ils maintiennent l'exclusion du peuple.

Si l'on tient ensuite quelque compte de l'équité naturelle, si l'on ne croit pas que la politique dispense d'en suivre les préceptes, elle qui n'a d'autre objet que d'en assurer le triomphe, comment pourrait-on refuser la préférence au système qui fait justice entière à tous les membres de la grande famille, soit qu'on les considère comme simples citoyens, soit qu'on les considère sous le rapport des classes auxquelles ils appartiennent?

Personne ne conteste qu'en principe, chaque citoyen n'ait le droit de se faire représenter. On doit reconnaître aussi que pour représenter et lier la nation, il faut que ses députés soient commis par elle. Mais on craint que la représentation ne soit trop populaire, si la multitude en nomme les membres, et l'on croit devoir sacrifier la rigueur des principes à la prudence politique. Soit; mais s'il se présente un mode par lequel on trouve, dans la rigueur même du principe, le moyen le plus sûr de satisfaire à tout ce que la prudence exige, par lequel, en admettant tous les citoyens, on n'a cependant la popularité qu'à la dose qu'on aura jugée convenable, s'il est permis de parler ainsi : quel motif pourrait faire rejeter ce mode? Or, tel est l'effet évident de la division en classes; tous les autres systèmes, passés, présens et futurs, poussent inévitablement sur

2

l'un de ces deux écueils , ou ils réduisent la nation entière à la dépendance de quelque mille personnes , auxquelles on ne peut pas même donner le nom de minorité de cette nation , car elles ne sont qu'une portion imperceptible , ou ils nous précipitent dans les élections de la multitude.

Mais , dit-on , le peuple ne se plaint pas de son exclusion.

On sait bien que le peuple est incapable de réclamer par lui-même ; il faudrait pour argumenter valablement de son silence, qu'on lui eût laissé quelque organe. Sont-ils descendus sous les toits rustiques , ceux qui raisonnent ainsi ? ont-ils interrogé les petits propriétaires ?... On pourrait avoir quelques données par les rapports de fonctionnaires investis de leur confiance , si le peuple en choisissait quelqu'un ; mais tout lui a été ravi. Le gouvernement croit même devoir imposer à ses employés la loi de ne rien négliger pour comprimer les opinions politiques qui ne sont pas la sienne. Ils sont mal notés quand ils ne viennent pas à bout d'en empêcher l'éruption. Est-ce par de tels moyens qu'on peut s'instruire des vœux du peuple ?

C'est bien mal connaître la nature humaine que de révoquer en doute les plaintes d'une population qui souffre et qui voit le désordre dans les lois fondamentales de l'État ! Peut-elle ne pas se dire : *Si je nommais un certain nombre de députés , ainsi que j'en ai le droit, ainsi qu'on me l'a fait espérer, nous n'en serions pas plus mal gouvernés ?* Mille faits à notre connaissance, nous autorisent à affirmer que le peuple parle ainsi, et qu'il se plaint tout bas.

D'ailleurs, il s'agit moins, quand on veut être juste, de savoir si le peuple réclame son droit, que de savoir si ce droit existe, et personne n'osera sûrement contester celui-ci. Rien n'est aussi important que de prévenir ces sortes de réclamations, car tous les droits méprisés réagissent tôt ou tard ; et si la plainte a été étouffée, la réaction n'en est que plus dangereuse.

Si, des notions de l'équité naturelle, nous passons à celles que fournit le simple bon sens, on voit que l'établissement des formes représentatives n'a d'autre objet que de porter dans le gouvernement un organe de l'opinion publique, et que cet organe ne peut être utile qu'autant qu'on peut dire : Ce que les représentans veulent, il est moralement certain que la nation représentée le voudrait, si elle pouvait délibérer. Sans cela la représentation nationale n'est qu'un piége que l'autorité se tend à elle-même, et une source de désordres.

Or, des assemblées élues par une section du peuple seule, ne peuvent, quelle que soit cette section, exprimer que les vœux d'une partie, et non celui du peuple entier, tandis qu'une assemblée composée de députés élus en nombre égal par chaque section, exprime nécessairement le véritable vœu de la cité. Qu'on fasse de l'esprit tant qu'on voudra, on ne détruira point la force de cette vérité. L'esprit fut toujours un mauvais législateur.

La représentation que nous proposons serait, nous ne dirons pas seulement une image ressemblante du corps du peuple, mais elle serait un extrait parfait de ce corps ; un extrait ayant toutes les parties, et, s'il est permis de parler ainsi, tous les compartimens qui en forment l'organisation. Ce serait la nation elle-même, la nation vivante, réduite à une petite échelle. Les autres plans donneront-ils jamais un organe aussi fidèle de l'opinion publique ?

Notre système fait voir, en les corrigeant, les vices des élections publiques, pratiquées pendant la révolution. Tout le peuple en masse coopérait au même choix. De-là venait que les petits propriétaires seuls, se faisaient représenter, parce qu'ils étaient en majorité. Cet organe était vicieux, parce qu'il ne pouvait exprimer que l'*opinion populaire* ; ce qui est bien différent de l'*opinion publique*, mot qu'on a heureusement traduit par celui de *raison publique*. Mais, en excluant les petits propriétaires, qui forment à eux seuls une masse vingt-neuf fois plus nombreuse que toutes les autres réunies, on ne fait que changer la section du peuple qu'on charge des élections ; c'est le même vice sous une autre forme, tant que toutes les parties ne sont pas représentées.

Si la raison publique n'est pas dans l'opinion populaire, elle ne saurait être non plus dans une opinion anti-populaire. On verra bientôt que le caractère distinctif de cette raison publique, consiste
à concilier tous les intérêts par la justice. Cette
conciliation ne peut avoir lieu sans la représentation
de tous les intérêts, ni la représentation de tous les
intérêts sans la division du peuple en classes formées d'après ces intérêts, et nommant séparément
chacun ses députés. Mais, dit-on, les classes élevées
garantissent mieux le maintien du bon ordre que les
classes inférieures ; ayant plus à perdre, les premières
sont plus intéressées à la conservation de la société, etc.

Voilà un des préjugés dont nous avons parlé. Cette
assertion est une erreur palpable par sa trop grande
généralité.

Chaque classe a ses intérêts à part, et des intérêts également légitimes. Le bon ordre social consiste
à les respecter et à les faire respecter tous en même
temps. Chaque classe est le meilleur protecteur qu'on
puisse donner à la partie du bon ordre, qui pré-
serve ses intérêts propres de l'attaque des autres.
Mais elle est le plus dangereux ennemi des intérêts qui ne sont pas les siens. Ainsi l'obéis-
sance du peuple et le respect pour la disci-
pline hyérarchique, sont une partie du bon ordre
que les grands protégent efficacement. De bonne
foi, protégeraient-ils de même l'économie dans

les finances, sans laquelle le peuple vit dans la misère et les droits de l'égalité, cette vapeur d'un amour-propre légitime qui, resserrée, produirait désormais des volcans ? Cette sage économie et ce respect pour les droits de l'égalité, ne font-ils pas partie du bon ordre social ? Il serait superflu d'entrer dans d'autres développemens.

Un préjugé a fait croire que la Charte réduisait le droit de se faire représenter aux hommes payant 300 fr. C'est encore un préjugé qui fait croire que les hommes les plus riches protégeront mieux le bon ordre. Ce mot n'exprime qu'une relation de toutes les parties entre elles, et le concours de toutes ces parties est nécessaire au maintien de ce que le mot exprime.

Voilà ce que dit le bon sens ; et ce n'est point une faible autorité : c'est à lui, et non à l'esprit, qu'il appartient de constituer les États. Le génie est-il autre chose que le bon sens présenté sous des formes dignes de toute sa majesté ? En adoptant la division du peuple en classes, ce n'est pas à nous que les auteurs des nouvelles doctrines auront cédé, c'est au génie des Romains ; et personne n'aura jamais à rougir d'avoir baissé les armes devant une telle autorité.

Cette division du peuple nous paraît devoir terminer tous les débats sur la question de savoir, ce que c'est que la raison publique, et quel est l'organe auquel on peut reconnaître la voix de cette reine du monde et surtout des gouvernemens, de cette puissance par laquelle tout se fait, et contre laquelle rien ne réussit. La véritable opinion publique est celle qui résulte de la majorité des intérêts, et non celle qui résulte de la majorité numérique des voix. C'est ainsi que nous paraît se résoudre la grande question du souverain de droit, de ce souverain qui, par lui-même et par sa propre excellence, rend légitime tout ce qu'il fait, et sans lequel il ne peut exister rien de légitime. (Voyez notre brochure, p. 85 et suiv.)

Le respect dû à la Charte, les préceptes de l'équité naturelle et les notions émanées du bon sens, militent donc en faveur de notre système, et repoussent les deux autres. Les lois de la saine politique nous sont encore plus favorables. C'est ici que nous allons pénétrer dans les entrailles de la question ; qu'on daigne nous suivre attentivement.

La représentation nationale fait partie du souverain : mais qu'est-ce que le souverain ? C'est la dernière autorité à laquelle on puisse recourir, parce qu'au-delà il ne saurait en être, ni de plus juste, ni de plus puissante. L'idée de la souveraineté n'est donc pas simple ; elle se compose de celle de la présomption de la plus grande justice, et de celle de la plus grande puissance. Il faut la présomption de la plus grande justice, parce que la force sans justice ne fait pas loi. Il faut la plus grande force, parce que, s'il en était autrement, le souverain pourrait être

contraint d'obéir à un autre, et par-là même cesse-
rait d'être souverain.

Il importe donc d'examiner le mode de forma-
tion de la représentation nationale, sous le double
rapport de la justice qu'on peut espérer de trouver
dans ses résolutions, et de la force que ses actes
auront de leur nature.

Or, on a vu aux pages citées de notre brochure,
que s'il était donné à l'homme de former une autorité infaillible, ce serait au moyen de la combinaison de tous les intérêts dans la même assemblée.
Voilà pour la justice. Quant à la force, on y a vu
que ce qui est voulu par l'accord des intérêts,
ne manque jamais de se réaliser. Cet accord est
donc à la fois l'autorité la plus juste et la plus
puissante qu'on puisse trouver sur la terre. Cette
autorité est un fait constant dans la nature morale ;
et tout notre plan consiste à convertir en droit, ce
dont il est impossible de nier l'existençe en fait.

Examinons la question sous un point de vue
moins général, et par conséquent moins abstrait.

Dans le monde des esprits comme dans le monde
des corps, l'inertie absolue des forces serait la mort ;
l'équilibre des forces produit la vie et constitue le
bon ordre ; la rupture de l'équilibre donne la fiè-
vre et fait naître tous les désordres. Il faut donc
bien connaître l'origine, la nature et l'action des
forces politiques qui produisent tous les mouvemens
sociaux, soit réguliers, soit irréguliers, afin de

mettre ces forces en équilibre. Il ne s'agit ici, ni de distinctions métaphysiques, ni de classifications d'idées, ni de formes, ni de capacités, etc.; il s'agit de voir nettement les faits pour connaître les forces qui les produisent.

Sous la monarchie féodale, un duc de Bourgogne ou de Normandie, un comte de Flandres ou de Toulouse, et plusieurs autres seigneurs, étaient assez puissans, chacun en particulier, pour arrêter les entreprises du roi de France ; ils l'étaient même trop, puisqu'ils pouvaient lui faire la guerre. Telles étaient les forces politiques par lesquelles le système oligarchique influait sur le pouvoir, soit en le poussant, soit en le contenant, et par le pouvoir, sur la marche des affaires de l'État.

Il y eut aussi d'autres forces politiques suivant les temps, telles que celles des états, des parlemens, du clergé, de la noblesse, etc. Il est à remarquer que ces volontés d'un duc, d'un comte, d'un parlement, du clergé, etc., n'étaient des forces de quelque importance, que parce que les disciplines sociales d'alors entraînaient ou forçaient un grand nombre d'autres volontés particulières, à suivre la même direction.

Depuis Louis XIV, surtout depuis la révolution, les disciplines ont changé ou disparu. La surface sociale a été nivelée ; les forces politiques ne sont plus de la même espèce. Il n'est point d'individu, point de corporation dont la volonté soit

assez puissante pour mériter le nom de force politique.

Les forces de cette espèce ne se formeront désormais que par la réunion d'un grand nombre de
volontés particulières, rapprochées par des intérêts
semblables. Voilà les seules disciplines que nous
ayons. Mais rien ne saurait empêcher ces intérêts
de former de telles forces. On verra, ou plutôt on
voit toute la nation se diviser sous les bannières des
intérêts homogènes, et l'action des forces politiques
ainsi formées par ces intérêts, déterminera tous les
mouvemens et même les destinées de l'État.

- Il s'agit donc de connaître quels sont les intérêts
qui servent de bannières, et auprès desquels les
volontés viennent se ranger et former des masses.

Nous avons une classe nombreuse de petits propriétaires, qui toujours versent au trésor, sans espoir d'en jamais retirer une obole ; qui partout
obéissent, et ne commandent nulle part ; dont le
travail alimente jusqu'au luxe des classes supérieures,
et ne peuvent fournir à leur propre subsistance
qu'avec parcimonie ; qui fait jaillir, comme du sein
de la terre, ces valeureux soldats auxquels la patrie
doit sa gloire et sa sûreté, mais dont les noms ne
sont jamais inscrits au temple de mémoire.

Voir respecter la dignité de l'homme dans leurs
personnes, obtenir que leur asile soit inviolable,
qu'il y ait économie dans les finances et une bonne
administration de la justice, tels sont les intérêts

politiques des hommes de cette classe. Elle sent qu'elle est la force physique de l'État, et que néanmoins elle ne peut rien par elle-même ; mais qu'avec un chef, elle peut tout. Le trait le plus saillant qui la distingue des autres, c'est de chercher ce chef à qui elle puisse se donner. Elle le prend partout où elle trouve quelqu'un qui lui promette de la soigner ; mais elle préfère le voir dans la classe la plus élevée. Dans ses mouvemens de colère, elle détruit les rois, et ne manque jamais d'en faire un nouveau *dans ses momens d'ivresse*, *tant la royauté lui est nécessaire.* Telle est la classe inférieure.

Nous avons une classe bourgeoise, placée immédiatement au-dessus de la précédente. Celle-ci donne beaucoup au trésor et en retire beaucoup. Elle a des supérieurs à qui elle obéit ; elle a des inférieurs auxquels elle commande. Les emplois ordinaires dans le militaire, dans l'ordre judiciaire, dans l'administration, dans les finances, etc., deviennent son patrimoine ; par ses talens, elle parvient souvent aux plus élevés. C'est elle qui cultive les sciences, et qui fait le grand commerce ; elle remplit toutes les professions libérales de la société.

Son principal intérêt politique consiste à conserver le principe, que tous les citoyens sont également admissibles aux emplois, suivant leur mérite et sans préférence pour la naissance ou la fortune ; et celui de la liberté de tous les genres d'industrie.

Elle sent qu'en elle réside la force morale de l'État, que par le nombre de ses suffrages et par ses lumières, elle distribue la considération publique sans appel. Le trait caractéristique de cette classe est d'être républicaine.

– Nous avons enfin une classe supérieure, pour laquelle les charges de l'État ne sont rien, parce qu'elles ne l'atteignent que dans son superflu. Quand les hommes de cette classe le veulent, ils retirent du trésor, par les grands emplois, plus qu'ils n'y mettent. Ils n'obéissent qu'à quelques-uns, ils commandent au grand nombre. Ils soupirent après les priviléges, les titres et distinctions à accorder à la naissance, après l'hérédité des commandemens, enfin après tout ce qui peut assurer la perpétuité de l'influence.

L'intérêt politique de cette classe consiste à faire donner un grand pouvoir au monarque, afin qu'il protége leurs jouissances, objet de tant de jalousies, afin encore de partager ce pouvoir avec lui.

Cette classe sent qu'elle est l'ornement de l'État. Sans le superflu dans lequel elle nage, les arts périraient, et le luxe qui l'environne devient une des mamelles nourricières de la masse ouvrière. L'espoir de parvenir à ce haut rang entretient l'émulation dans ceux qui sont au-dessous. Le caractère distinctif de la classe supérieure est de n'être aristocratique qu'envers les classes inférieures ; car lorsque sa fierté naturelle ne s'est pas amollie par la fréquentation de la cour, cette classe devient la démocratie la plus dangereuse pour les rois. Que, si elle vit habituellement à la cour et se trouve investie d'une grande force, c'est par elle que commence la corruption politique des nations.

Après ces trois classes, paraissent enfin les intérêts devenus héréditaires. Assurer un long éclat à sa postérité, est le vœu le plus ardent de l'homme qui possède beaucoup, surtout lorsqu'il ne l'a pas acquis lui-même, excepté qu'il ne s'agisse d'un patrimoine de gloire, car alors ce sentiment est encore plus vif dans celui qui a formé lui-même ce patrimoine. Ce besoin d'hérédité devient une véritable force politique. Mais s'il est dans la nature des individus, il est contraire à l'ordre social, parce qu'il enchaîne l'activité des générations suivantes. La substitution est un privilége. C'est la dernière récompense de la dernière ambition de l'homme. Sagement resteinte à un petit nombre, elle est utile. En donnant un cours légal à cette ambition, on l'empêche de troubler l'État. En la satisfaisant, on lui donne un vif désir de stabilité. C'est le patriciat ou la pairie. Son intérêt politique est la permanence de ce qui existe, parce qu'elle ne voit rien de mieux pour elle.

La Chambre des pairs n'est pas représentative de la grande propriété, de sa nature. Si cela est ainsi en Angleterre, c'est arrivé par accident. De long-temps il ne saurait en être de même en France.

La Chambre des pairs protége l'ordre établi contre la trop grande pétulance avec laquelle la Chambre des députés pourrait demander les innovations commandées par les nouveaux besoins, avant qu'ils fussent bien constatés. Cette Chambre intermédiaire et conservatrice, empêche la démocratie de se ruer sur le pouvoir, et le pouvoir de fondre sur la démocratie, et garantit la stabilité de la Constitution.

Pour prouver d'un seul mot, que telles sont les forces politiques de l'Etat, et qu'il n'y en a pas d'autres, nous dirons, que toute loi qui respectera ce qu'il y a de légitime dans ces quatre intérêts, sera sanctionnée par la raison publique, et s'exécutera pour ainsi dire d'elle-même. Si elle rencontre quelque obstacle, ce ne sera que dans des intérêts et des volontés individuelles et isolées, qui ne comptent pour rien devant la force du pouvoir exécutif. Que si, au contraire, une loi viole ce qu'il y a de légitime dans un seul de ces intérêts, elle excitera le mécontentement et une vive résistance dans des masses entières. A ces masses se joindront tous les hommes justes des autres classes. Il y aura danger de révolution, jusqu'à ce qu'une telle loi soit rapportée.

Le secret de la solidité du gouvernement français est dans l'équilibre de ces forces au centre législatif, et c'est là le but de notre plan. Loin de nous la pensée qu'on ne puisse mieux faire. Mais il nous paraît impossible que ce mieux se trouve sur la route de ceux qui veulent organiser l'Etat sans employer les forces qui le font mouvoir.

, C'est un aveuglement bien remarquable que celui dans lequel peut jeter l'habitude d'être constamment frappé de la même idée. On entend soutenir encore ce paradoxe, que *la classe moyenne étant intermédiaire, représente les intérêts des autres classes.* Et dans quel moment s'obstine-t-on dans cette erreur? C'est au milieu du combat furieux que la classe moyenne et la classe supérieure se livrent. Est-ce l'identité des intérêts qui leur met les armes à la main? Et si on propose à ces deux classes d'admettre un troisième intérêt, celui du peuple, on les voit mettre fin à ce combat acharné, et se réunir contre ce tiers. Ce phénomène aurait-il lieu, si l'instinct des combattans ne leur faisait sentir que la présence de ce tiers changerait l'état des choses? S'il y avait identité entre le peuple et l'une des deux classes, avec quelle ardeur celle-ci ne crierait-elle pas à l'injustice de l'exclusion, afin d'avoir un tel auxiliaire? Rien ne prouverait mieux l'existence des trois intérêts séparés, si d'ailleurs elle n'était évidente, que la manière dont on la conteste.

On connaît maintenant les forces politiques qui existent dans la nation. Il faut, ou les mettre en équilibre, ou se résoudre à voir la révolution se prolonger indéfiniment. Si une seule de ces forces est négligée, elle portera le trouble dans la machine. Qu'on n'espère pas que cette force reste inerte, rien n'étant aussi actif que le principe de ces forces, les intérêts. Agissant hors de l'ensemble, la force négligée, ou renversera la constitution ou sera asservie.

L'espèce d'esclavage dans lequel le peuple de Venise était tombé, et la chute rapide de notre éphémère république, qui avait non-seulement négligé mais froissé la classe supérieure, sont des exemples et des preuves irrécusables de ces vérités. En Italie, la force négligée fut asservie ; en France, la force négligée renversa la constitution presque en un clin-d'œil.

Si tel est le danger du rejet d'une seule force, de combien ne sera-t-il pas plus grave, lorsque deux seront écartées? Et quelles sont les classes que le projet ministériel repousse ? Celle qui fait la force physique, et celle qui fait la force morale de la nation. Il n'y en aurait pas pour un lustre, si cette étrange constitution était adoptée ; le moyen qu'on propose pour raffermir le trône, le ferait bientôt voler en éclats. Si nous avions le malheur de haïr la dynastie régnante, nous voterions pour ce projet.

Il est dans un grand nombre d'esprits une répugnance extrême à rappeler le peuple à l'existence politique qu'il aurait fallu ne jamais lui ravir. Il convient de montrer l'origine, les progrès et le danger de cette prévention.

Lorsqu'à la chute du régime sanglant, la douleur, long-temps muette, put s'exhaler, un cri se fit entendre : *Tout le mal vient des mauvais choix faits*

par le peuple ; il en fera toujours de mauvais,
Chacun avait vu la main qui l'avait frappé. Bien
peu avaient connu la cause qui faisait mouvoir le
bras. On crut à la douleur, sans examen. On at-
tribua à de mauvais choix, les maux produits par
des vices d'organisation.

Cependant le gouvernement devint militaire.
Et, décidé à ne s'appuyer que sur la force, il ne
négligea aucun moyen d'accroître l'horreur pour les
élections populaires. Les bonnes traditions se perdirent.

Il n'en fallait pas moins des élections, parce qu'on
sentait qu'il était impossible de se passer du gouvernement représentatif. Les esprits se tournèrent donc
vers la recherche des moyens d'avoir des représentations *nationales*, sans faire nommer les représentans par la masse du peuple, c'est-à-dire, sans la
nation. C'est à peu près comme si l'on cherchait à
faire un cercle dont les rayons ne seraient pas égaux.
On recourut aux moyens d'accroître le cens, de
modifier les choix d'une classe par l'épuration con-
fiée à d'autres, etc., etc. C'est de-là que nous viennent les erreurs qui règnent sur cette matière.

Il ne faut demander aux assemblées électorales,
que de fournir des produits semblables à elles-mêmes. Ces produits, quels qu'ils soient, feront ensuite du bien ou du mal, suivant que le législateur
aura connu ou ignoré l'art de les employer convena-
blement dans l'organisation. Les choix populaires ne

doivent garantir que la qualité des produits, non comme étant d'une bonté absolue, mais d'une bonté relative à l'emploi qu'on veut en faire. Or, si le corps chargé d'élire est organisé de manière que la qualité qu'on cherche, domine dans les électeurs, on peut compter qu'elle dominera aussi parmi les élus. Tel est le moyen de s'assurer à volonté des choix aristo-cratiques, démocratiques ou plébéïens. C'est dans ce sens qu'il faut entendre l'infaillibilité du peuple dans les élections (1).

Si l'on n'y voyait que cela, si l'on voulait enfin comprendre que tout le mal est venu non du peuple, mais des vices d'organisation, un grand pas serait fait vers la fin de la révolution. On n'aurait plus en horreur le remède dont il est impossible de se pas-ser, l'élection par le peuple.

Celui qui aura trouvé fidèle le tableau que nous avons fait de la classé inférieure, a rendu hommage, sans s'en douter, à cette vérité de tous les temps, que le véritable fondement de la Royauté, est dans la classe plébéïène. Ce besoin d'un chef, dont le peuple ne peut se passer, et qu'il aime mieux prendre dans les rangs élevés, est la véritable racine de cette grande institution. Cette racine pousse na-turellement dans la terre plébéïène, comme lui convenant mieux que toute autre. Dans quelle partie de la nation l'amour personnel de la dynastie corse

____

(1) Voyez notre brochure, à la page 10 et suiv.

avait-elle fait les plus grands, les plus rapides progrès? Quelquefois, il est vrai, il s'élève de cette région des orages qui fondraient sur la couronne, si ce danger n'était écarté par d'autres parties de l'organisation. Cela prouve la nécessité de ne rien négliger en construisant ces parties, mais ne dispense pas de former la royauté de ses véritables élémens.

Si notre gouvernement se formait au moyen d'une représentation exclusivement élue par la masse du peuple, comme les plébéïens y domineraient, nous craindrions le retour du pouvoir absolu comme à Copenhague. Si l'on persiste à la former au moyen d'une représentation élue par les classes supérieures, nous craignons la république de Venise ou de Pologne : nous aurons le meilleur des gouvernemens, si la représentation nationale se forme de toutes ses parties, et se porte au grand complet.

Après avoir combattu la répugnance du gouvernement à rappeler le peuple, que dirons-nous de celle des amis des principes? comment concevoir qu'ils nous ayent laissé plaider cette belle cause à nous seuls? Craindraient-ils, pour les intérêts de la liberté, la présence d'un tiers d'élémens vraiment plébéïens? Nous avons dit dans notre brochure quel serait le vote de ce tiers. Lorsque le gouvernement sera doux, paternel, économe, le plébéïen votera pour la couronne, et c'est ce qui en procure la stabilité. Si les privilèges se montrent, si les abus se font sentir, si la liberté individuelle ou l'égalité reçoivent la plus légère atteinte, le plébéïen se joint à la partie républicaine, et la fait triompher du ministère. N'est-ce pas la véritable liberté politique, après laquelle uous soupirons ?

Mais, dira-t-on, qui peut nous garantir que tels seront les votes de la partie plébéïène ? La nature de cette classe, qui ne juge du gouvernement que par les effets, bons ou mauvais, qu'elle en ressent. Qui encore? —Cette espèce d'instinct, qui porte les deux classes supérieures à repousser le peuple, et chacune par un motif de crainte opposé. D'un côté, on redoute en lui un censeur sévère des abus et de toute espèce d'inégalité. De l'autre côté, on craint qu'il ne s'abandonne trop à certaines influences monarchiques. On a raison de part et d'autre. La classe plébéïène se livre tour à tour à l'une ou à l'autre de ces tendances, suivant les causes qui la forcent à réagir, et c'est là ce qui justifie nos assertions. Cette classe est éminemment propre à maintenir l'équilibre. Nous ajouterons à ces preuves déjà si fortes, le témoignage de l'expérience. Qu'on lise à la page 48 et suivantes de notre brochure, l'histoire des votes de cette classe, pendant la révolution. On y verra qu'ils furent toujours conformes à l'idée que nous en avons donnée dans les deux sens.

Que signifient, auprès de ces graves considérations, ces généralités banales de la tribune, qu'il faut craindre de mettre les masses en jeu; qu'on n'en est pas le maître quand une fois elles sont livrées à elles-mêmes ; que souvent elles détruisent l'imprudent qui les déchaîne ; et mille autres lazzi politiques de cette sorte ? Nous avons prouvé le vice de leur origine, en dévoilant l'injustice des repro-ches qu'on adresse au peuple, au lieu de les adres-ser aux auteurs des organisations défectueuses. Ces masses existent. Les craintes qu'elles inspirent, prouvent assez qu'on les regarde comme étant des forces imposantes. Elles ne pourront jamais, ni af-fectionner un ordre de choses auquel elles resteront étrangères, ni cesser d'éprouver le besoin d'un chef qui leur appartienne. Laisser des millions de bras soupirer après une tête, c'est rendre l'usurpation inévitable.

Il ne nous reste qu'à répondre à quelques objec-tions isolées.

Notre plan rappelle les trois ordres, et tend à les rétablir.

Que veut dire cette objection ? Est-ce dans le mot *trois*, est-ce dans le mot *ordre* que se trou-vaient les vices de la constitution gothique ? Ces vices ne consistaient-ils pas en ce qu'on avait formé des forces politiques avec des priviléges, auxquels on avait donné deux voix sur trois, ce qui maintenait le tiers-état dans la dépendance ? Y a-t-il quelque chose de semblable dans notre plan ? Y voit-on quelque germe de privilége ? Est-ce en favoriser le retour, que de donner une seule voix à ceux qui pourraient le désirer, et deux à l'égalité ? Y a-t-il la

moindre bonne foi dans ce rapprochement? Nos
grands propriétaires ressemblent-ils à l'ancien clergé?
Est-il heureux d'avoir comparé notre classe moyenne
avec l'ancienne noblesse? Et si nos petits propriétaires
sont le tiers-état d'autrefois, les autres le deviennent
comme lui ; ils n'auront aucun privilége à combattre : tous les droits sont les mêmes. Les petits propriétaires balanceraient-ils entre nos critiques, s'obs-
tinant à les exclure de la constitution, et nous qui
cherchons à la faire réintégrer dans la plénitude de
leurs droits?

On n'entend pas, sans doute, faire disparaître
l'inégalité des conditions, quoiqu'elle soit la mor-
telle ennemie de l'égalité politique et civile : il faut
donc chercher le moyen d'associer ces deux élémens
qui, sans cesse, tendent à s'entre-détruire. Il nous
semble que, sous ce rapport, il y eût quelque bon-
heur à trouver la combinaison que nous avons pro-
posée. C'est de l'inégalité des conditions elle - même,
que nous faisons naître l'égalité des droits, laquelle
à son tour est forcée, pour se maintenir, de proté-
ger sa rivale.

On craint qu'entre des députés, dont les pouvoirs émaneraient de sources que quelques - uns
pourraient regarder comme ayant moins de dignité
les unes que les autres, il ne s'élève des sentimens
d'amour-propre fâcheux. Crainte frivole ! Celui qui
laisserait échapper le moindre signe de supériorité,
en serait à l'instant puni par le mépris de tous.

Dans une telle assemblée, il est un sentiment qui absorbe tous les autres. C'est le besoin d'acquérir de la considération et de la gloire, par le patriotisme et les talens. L'expérience confirme ces vérités. Nous étions de deux origines dans le Corps législatif sous Bonaparte ; et personne ne s'en apercevait. Dira-t-on que par la nomination du Sénat la différence des origines disparaissait ? La différence d'origine avait existé dans l'Assemblée constituante, elle exista dans la Chambre des Cent Jours, et aucun sentiment d'amour-propre individuel ne se manifesta dans ces deux assemblées. Le croirait - on ? Nous avons trouvé quelques personnes qui mettaient en balance la crainte imaginaire de cette susceptibilité puérile , avec les grandes considérations que nous invoquons à l'appui de notre système.

Ce plan porterait , ajoute-t-on, une fraction de la pairie dans la Chambre des députés. Cette Chambre doit être purement démocratique. *Nous sommes tous ou pairs de France, ou simples citoyens français , je ne connais que cela*, a dit un honorable député... Nous acceptons l'alternative. Elle est donc vicieuse, la loi du 5 février, et le projet ministériel est encore plus vicieux, car d'après leurs combinaisons le plus grand nombre des Français ne peut être, ni pair, ni citoyen. Un trait fait plaisir, mais ne saurait décider l'homme d'Etat.

Que les grands propriétaires, ajoute-t-on, deviennent populaires, et ils obtiendront les suffrages des contribuables de 3oo francs. Que diriez-vous, si l'on répondait : Employez vos talens à servir les vues des grands propriétaires, et ils vous donneront les leurs?... La nature morale ne change pas ses lois à la voix d'un orateur. Elle continuera à donner des mœurs, des besoins et des intérêts différens aux grands, aux moyens et aux petits propriétaires, et la saine politique continuera à chercher les moyens de balancer ces intérêts ou forces, les unes par les autres.

Nous avons prouvé que la pairie ne représentait pas la grande propriété, de sa nature. Chez nous, c'est une autre institution que chez les Anglais. Ils n'ont plus ni pairie, ni représentation nationale ; ils n'ont qu'une double représentation d'oligarques grands propriétaires. Craignons de les imiter.

Notre Chambre des députés doit être, dit-on, purement démocratique. Nous l'entendons de même ; mais sachons ce que c'est que la démocratie. Le mot grec *démos*, d'où nous vient *démocratie*, comprend toutes les classes du peuple ; c'est comme le mot *populus* chez les Latins. Mais ici, on distinguait la portion qu'on appelait *plebs* ; les *plébéïens*, de *Populus Romanus*, tout le peuple-roi., Or, il ne faut pas confondre le *plébéïénisme* (s'il nous est permis de créer ce mot), avec la démocratie. En effet, les sentimens vraiment démocratiques sont ceux qui portent à préserver les intérêts généraux de toutes les classes du peuple, des atteintes du pouvoir , et non à lutter pour les intérêts d'une classe contre ceux d'une autre.

Alors qu'à Athènes la démocratie se composait de tout le peuple , à Rome elle ne commençait qu'à la portion qu'on appelait *plebs* , parce que le pouvoir était entre les mains des patriciens. Au commencement de notre révolution , il dut en être chez nous comme il en était à Rome , et par la même raison ; la noblesse et le clergé partageaient le pouvoir par les priviléges. La démocratie consistait donc alors , du moins en partie , à soutenir les droits du tiers contre les deux ordres privilégiés. Mais aujourd'hui , que les priviléges sont détruits , la démocratie ne doit plus être la lutte des classes entre elles. Elle est rendue à elle-même. Elle doit commencer immédiatement au -dessous de la pairie. Ce n'est pas trop de toute la masse inférieure , pour observer le pouvoir , et préserver de toute attaque les intérêts généraux du peuple.

La prudence patriotique , ajoutera-t-on peut-être , ne permet pas que cela soit ainsi ; les priviléges ne sont qu'un feu mal éteint , et qui couve sous la cendre. La moindre chose peut le rallumer. Si l'on veut raffermir le présent , il importe d'écarter les organes du passé.

Qu'on remarque d'abord que nous donnons deux voix au présent contre les souvenirs du passé ; cela suffit sans doute.

Au fond, si l'on veut effacer les souvenirs dont

on croit une classe tourmentée, il faut, non l'écarter, c'est augmenter ses regrets, mais lui donner
une autre direction. Faites-lui une place commode
à côté de vous dans le même édifice : bientôt elle
oubliera l'ancien. Elle ne saurait lutter long-temps
pour le retour d'un avenir impossible, contre le
besoin de jouir du présent. Souvenez-vous qu'aristocratique envers ce qui est au-dessous d'elle, cette
classe est démocratique envers le pouvoir, dès qu'on
l'en a séparée. Nous ne croyons point qu'on ait ima-
giné de représentation plus vraiment démocratique et
plus forte pour la liberté, que celle que nous proposons. Nous avons déjà établi qu'il ne saurait y
en avoir de plus rassurante pour le trône.

Dès 1817, nous disions que c'était un énorme contre-
sens de se constituer dans la vue provisoire d'écarter
la réaction du passé sur le présent. Les parties d'une
telle constitution sont nécessairement hostiles entre
elles, et loin d'arrêter la réaction, la provoquent.
Nous sommes - nous trompés, et ce qu'on éprouve
aujourd'hui est-il autre chose que la réaction des
grands propriétaires ? S'ils avaient eu la part que
nous proposons de leur assigner , auraient - ils
réagi? Si, le 5 février 1817, notre plan eût été
adopté, croit-on qu'il eût été possible de changer
une telle loi des élections?

Le moment est venu où tout provisoire est vicieux.
Il faut se porter sur-le-champ au point de l'équilibre.
On n'en sortira plus, parce que le désir de terminer

la révolution est évidemment plus fort que celui de revenir sur ses pas.

Que penser après cela du projet ministériel ? Loin de chercher l'équilibre, on l'évite. Nous concevons que, soumis à la loi de l'homogénéité des intérêts, le côté droit veuille adopter ce plan. Il ne tardera point à s'en repentir. C'est une centième réaction qu'il prépare. Finir la révolution n'appartient qu'à celui qui saura se vaincre, être juste, et donner à chacun sa part légitime.

Mais que le gouvernement ait osé proposer un tel projet !.... cela ne se conçoit point. S'il était adopté, il n'y aurait qu'à verser des larmes pour le trône ; ce n'est pas la liberté qui peut périr !....
Notre réponse à la dernière objection qu'on nous a faite, sera, nous l'espérons, le triomphe de notre système. Comment, nous a-t-on dit, ferez-vous naître et maintiendrez-vous le concert nécessaire dans une assemblée composée d'élémens aussi disparates ? Cette homogénéité des assemblées délibérantes que vous redoutez, nous paraît au contraire indispensable pour obtenir l'harmonie.

Nous avons répondu d'avance, à la page 14 de notre brochure. Qu'on remarque cependant, avant que nous fassions une autre réponse, que la majorité d'une représentation nationale aura bientôt le ministère à elle. Où seront alors les contre-poids, si le pouvoir et cette Chambre sont poussés par les mêmes passions ? Mais c'est autre chose que nous avons à dire.

Nous serions bien fâché que le concert fût facile dans notre représentation nationale. *Montesquieu* pense avec raison que la bonté du gouvernement représentatif, vient de la difficulté de ce concert : *On peut*, dit-il, *y manquer de quelques bonnes lois, mais il est difficile d'en avoir de mauvaises*. Et en effet, il n'y a que la justice et la raison évidentes qui puissent réunir tant d'intérêts opposés. Ce gouvernement tend de sa nature au repos ; il ne marche que par la force des choses. Qu'on voye cependant les immenses et heureuses conséquences pour la véritable liberté, et pour la sûreté du trône, qui résultent de cette difficulté d'aller !

De ce qu'il est difficile à la couronne d'obtenir beaucoup de lois, elle n'est en contact avec le peuple qu'autant que cela est indispensable, et toute la partie de la conduite des citoyens qui n'est pas réglée par la loi, reste dans le domaine de la liberté. Le pouvoir ayant moins de frottemens avec le peuple, jouit de plus de sécurité. Malheur aux gouvernemens qui veulent tout administrer. Cependant, rien de ce qui est nécessaire ne manque, parce que tous les intérêts en sentent le besoin, lorsque c'est vraiment indispensable.

Un autre avantage : c'est qu'il est aussi difficile de rapporter les bonnes lois, que d'en faire de mauvaises. L'immutabilité des lois est le plus ferme appui du trône et de la liberté.

Enfin, quant à ce qui concerne les rapports des citoyens entre eux, ils sont toujours réglés par les tribunaux d'après les lois existantes.

Tels sont la nature et les effets de cet admirable gouvernement.

Si nous avions l'honneur d'appartenir aux Chambres ou au conseil du roi, nous aurions proposé de statuer en principe, que deux neuvièmes des membres de la Chambre des députés seraient élus par les grands propriétaires ; trois neuvièmes par les moyens propriétaires, et quatre neuvièmes par les petits propriétaires payant au-dessus de 35 fr. de contributions directes.

Que ceux-ci nommeraient la quote-part qui leur est assignée, par l'intermédiaire d'électeurs choisis dans les assemblées primaires et parmi les personnes ayant les qualités requises par la Charte pour être électeurs.

Que le collége des grands propriétaires serait composé, dans chaque département, des plus imposés, à raison d'un membre pour chaque 2500 habitans, et que néanmoins toute personne payant mille francs de contributions, entrerait de droit dans ce collége, quel que fût le nombre des membres. Ce collége élirait directement.

Que le collége des moyens propriétaires se composerait des plus forts imposés, après les précédens,

et serait d'un membre pour chaque 1200 habitans.
Ce collége élirait directement.

Enfin, que tous les citoyens qui ne seraient point
membres de ces deux colléges et qui paieraient 35 fr.
de contributions directes, n'exerceraient leur droit de
suffrage que dans les assemblées primaires dont il
est parlé ci-dessus (1).

On nous a reproché d'avoir dit qu'on pouvait violer
la Charte. On s'est trompé : personne ne la respecte
plus que nous, témoin notre projet. Mais chaque jour
on la viole impunément, et ceux-là même qui nous adres-
sent ce reproche, ne le font que pour maintenir la
violation la plus grave qu'on ait imaginée, l'exclusion
du peuple. Cette erreur capitale expose la loi fon-
damentale à tous les outrages, et la menace d'une
ruine prochaine. En indiquant le seul principe de
solidité des constitutions, nous avons voulu rendre
la Charte inviolable.

Un conventionnel clairvoyant disait à ses collègues:
Je ne vous presse pas de rétablir le pouvoir d'un
seul ; il reviendra de lui-même. Dans un sol comme
celui de la France, il pousse des rois. Je vous conseille
d'en rétablir un comme vous l'entendriez , de crainte
qu'il ne vous en vienne un comme vous ne le vou-
driez point. Nous devons en dire autant du peuple :
Qu'on se hâte de le rétablir comme il doit être, de
peur qu'il ne s'établisse autrement !

---

(1) Voyez le projet entier à la fin de notre brochure.

C'est aujourd'hui le 31 mai ; c'est à pareil jour, il y a 27 ans, que les ultras républicains perdirent la république, par les déplorables succès de cette journée. Ultras royalistes , craignez, pour la monarchie, l'influence de cet anniversaire.

FIN.